Findbuch III

Forum GenderWissen
Feministische Texte zur Frauen- und Geschlechterforschung

Band 10

Zentrale Bibliothek Frauenforschung, Gender & Queer Studies
Monetastraße 4, 20146 Hamburg
www.zgd-hamburg.de/bibliothek

Jana Reich

Findbuch III

Prof. Dr. Gisela Schoch (1936-2021), Fachhochschule Hamburg

Die Deutsche Bibliothek verzeichnet diese Publikation
in der Deutschen Nationalbibliografie.
Detaillierte bibliografische Daten sind im Internet abrufbar unter
http://dnb.d-nb.de

1. Auflage 2023

Printed in Germany.
ISBN: 978-3-746030-31-9

Herstellung und Verlag: BoD – Books on Demand, Norderstedt

Inhaltsverzeichnis

Entstehung und Besonderheit dieses Archivbestandes

Prof. Dr. Gisela Schoch, geboren am 12. Januar 1936, verstarb im Alter von fast 86 Jahren am 24. Dezember 2021 in Norddeutschland. Sie war eine der ersten Professorinnen am Fachbereich Bibliothekswesen der Fachhochschule Hamburg. Der schriftliche berufliche und teils private Nachlass wurde im Juni 2022 an die Einrichtung Zentrale Bibliothek und Archiv Frauenforschung, Gender & Queer Studies in Hamburg durch ihre "Wahlenkelin" übergeben. (Frau Schoch selbst war kinderlos.) Veranlasst hatte dies die Halbschwester von Gisela Schoch. Das Material hatte den Umfang von mehreren Umzugskartons. Es wurde gesichtet und auf das archivgeeignete Material reduziert.

Das inventarisierte Archivgut zeichnet sich durch eine Dokumentation des beruflichen Werdeganges und der Lehrtätigkeit von Gisela Schoch aus. So ist zum Beispiel das Original ihrer Dissertation im Schreibmaschinenausdruck erhalten, ein Karten- bzw. Würfelspiel für Orientierungseinheiten (1977) und zwei beispielhafte bibliographische Karteikästen aus dieser Zeit. Enthalten ist zudem - aufgrund von entfernten verwandtschaftlichen Beziehungen - das Testament von Hermine Emilie Schoch-Leimbach, bekannt als Emmy Schoch (1881-1968), eine Modeschöpferin im Bereich der Reformkleidung und Mitglied im *Verein zur Verbesserung der Frauenkleidung*.

Ein geringer Teil des privaten Archivguts unterliegt der Schutzfrist, dies ist im Findbuch explizit gekennzeichnet.

<u>Archivgut-Ort:</u>

Zentrale Bibliothek und Archiv
Frauenforschung, Gender & Queer Studies
Monetastraße 4, 20146 Hamburg,
Tel: 040-42838-6764
Email: jana.reich@uni-hamburg.de
        bibliothek.zgd@uni-hamburg.de

Signaturen: Arch Schoch 0.1-7.23

Biografische Angaben über Gisela Schoch

Gisela Schoch wurde am 12. Januar 1936 in Darmstadt geboren. Ihr Vater Reinhard Schoch war Industriekaufmann, ihre Mutter Alma Schoch, geborene Wille, von Beruf Chemotechnikerin. Reinhard Schoch war ein „Halbneffe" der Modeschöpferin und Unternehmerin Emmy Schoch[1]. Gisela Schoch war 15 Jahre alt, als die Ehe der Eltern 1951 geschieden wurde. Der Vater heiratete erneut, die Mutter jedoch nicht.

Gisela Schoch besuchte die Volksschule in Magdeburg und Northeim/ Hannover sowie die Oberschule in Northeim und Kiel. 1956 absolvierte sie das Abitur in Kiel. Anschließend studierte sie in Kiel und Paris Romanistik, Anglistik, Psychologie und Pädagogik. Im Dezember 1962 legte sie in Kiel das erste Staatsexamen ab. Mit einer Assistentenstelle an der Universität Kiel finanzierte sie ihre Zeit der Promotion. 1966 absolvierte sie ihre Promotionsprüfung.

Ab 01.09.1969 war sie hauptamtliche Dozentin an der Fachhochschule Hamburg im Fachbereich Bibliothekswesen. 1972 wurde sie in das Beamtenverhältnis auf Lebenszeit berufen. Ihre Seminare befassten sich schwerpunktmäßig mit der "Benutzerforschung". Im Juni 1980 wurde sie an der Fachhochschule zur Professorin ernannt. 1988 trat sie mit 52 Jahren in den vorzeitigen Ruhestand ein.

---

[1] Gisela Schochs Großvater väterlicherseits Otto Schoch (1871-1955) war ein Halbbruder von Hermine Emilie Schoch-Leimbach (1881-1968).

Schutzfristen nach dem Hamburgischen Archivgesetz

Das Hamburgische Archivgesetz[2] kennt drei Arten von Schutzfristen:

- soweit durch Rechtsvorschriften keine anderen Fristen bestimmt sind, ist die Benutzung des Archivguts mit Ablauf des 30. Jahres nach seiner endgültigen Entstehung zulässig. Diese Schutzfrist gilt nicht für Archivgut, das von vornherein zur Veröffentlichung bestimmt war.

- Archivgut, das sich nach seiner Zweckbestimmung oder nach seinem wesentlichen Inhalt auf eine natürliche Person bezieht (personenbezogenes Archivgut), darf erst **10 Jahre nach dem Tod der Betroffenen** benutzt werden. Ist das Todesjahr nicht oder nur mit unvertretbarem Aufwand festzustellen, endet die Schutzfrist 90 Jahre nach der Geburt der Betroffenen. Sind weder Todesjahr noch Geburtsjahr mit vertretbarem Aufwand festzustellen, endet die Schutzfrist für personenbezogenes Archivgut 60 Jahre nach seiner endgültigen Entstehung.

- Die Schutzfristen für personenbezogenes Archivgut gelten nicht für Archivgut, das die Tätigkeit von Personen dokumentiert, soweit sie in Ausübung eines öffentlichen Amtes gehandelt haben und nicht selbst Betroffene sind. Hat die Tätigkeit in personenbezogenem Archivgut ihren Niederschlag gefunden, sind die schutzwürdigen Interessen Dritter angemessen zu berücksichtigen.

Die allgemeine Schutzfrist bzw. die Schutzfrist für Archivgut, das Geheimhaltungsvorschriften unterliegt, und die Schutzfrist für personenbezogenes Archivgut können unabhängig voneinander gelten.

---

[2] Zum 31.01.2023 aktuellste verfügbare Fassung der Gesamtausgabe vom 21. Januar 1991.

Die **Verkürzung der Schutzfristen** für personenbezogenes Archivgut ist nur mit Einwilligung der Betroffenen oder ihrer Rechtsnachfolger:innen zulässig **oder** wenn die Benutzung für ein wissenschaftliches Forschungsvorhaben **oder** zur Wahrnehmung berechtigter Belange von Personen oder Stellen notwendig ist **und** die schutzwürdigen Interessen Betroffener oder Dritter durch geeignete Maßnahmen angemessen berücksichtigt werden.

0. Familiäre Unterlagen Gisela Schoch

Arch Schoch 0.1-0.4

Dokumente	Signatur
- Heiratsurkunde Friedrich Wilhelm Wille und Anna Maria Oppermann 09.07.1899 [ausgestellt 01.02.1960]. - Geburtsurkunde Carl Friedrich Schoch, geb. 19.03.1838. - Sterbeurkunde Katharine Luise Wille, geb. Kirschner, geb. am 27.05.1848, gest. 06.08.1914. - Sterbeurkunde Fritz Heinrich Wilhelm Wille geb. 13.09.1851, gest. am 28.12.1926. - Geburtsurkunde Otto Schoch, geb. am 12.09.1871. - Geburtsanzeige Reinhard Wolfgang Schoch, geb. 21.08.1906. - Heiratsurkunde Ludwig Schoch und Alma Elfriede Luzie Wille, Heirat am 02.10.1936. - Geburtsschein Gisela Margarete Waltraud Schoch, geb. 12.01.1936. - Geburtsurkunde Gisela Schoch - Abschrift Geburtsurkunde Gisela Margarete Waltraud Schoch, geb. am 12.01.1936 in Darmstadt. - Todesanzeige Albert Robert Wille, Völlenerfehn den 1. Mai 1961. - Liste der Ahn:innen maschinenschriftlich. ------------------------ Alma Schoch, geb. Wille - Sterbebescheinigung geb. 28.04.1900 in Scheune, Pommern, gest. 21.02.1983 in Bad Oldesloe. - Gerichtsurteil Ehescheidung 07.06.1951. - Vergleich Alma Schoch, geb. Wille / Reinhard Schoch wegen Ehescheidung vom 07.06.1951. - Arbeitgeberbescheinigung: Mimosa GmbH Kiel vom 13.12.1962.	0.1
Gisela Schoch: - Taufbescheinigung	0.2 Schutzfrist

- Impfschein 14.09.1936. - Ausweis über Diphterie-Schutzimpfung 26.02.1943. - Impfschein vom 06.05.1950. - Konfirmationsbescheinigung vom 18.03.1951. - Impfbescheinigung 1962, 1964. - Steuerausweis vom 30.09.1953. - Bund Deutscher Pfadfinderinnen, Gruppe Kiel, 1952-1953. - Empfehlungsschreiben Weltbund der Pfadfinderinnen, 1956. - Siegerurkunde Dreikampf Bundes-Jugendspiele 1954. - diverse Schulzeugnisse 1946-1956. - Angestelltenversicherung 1964. - Diverse Meldekarten/-anmeldungen etc. - Staatsangehörigenurkunde 1969. - Telefonnotizbuch mit Einträgen und Zeitungsausschnitten; andere Hefthälfte persönliche psychologische Notizen; 1970er bis 1990er Jahre. - Kursbescheinigungen. - astrologische Interpretationen. - Tod 24.12.2021. Todesanzeige Dezember 2021. - Kontaktdaten zur Halbschwester.	bis 31.12.2031.
Dokumente Erbangelegenheiten: - Dr. Otto Schoch [geb. 12.09.1871 in Lichtenau, Krs. Kehl, gest. 06.03.1955 in Heidelberg, Großvater von Gisela Schoch] - Emilie (Emmi/Emmy) Leimbach, geb. Schoch [geb. 21.12.1881 in Lichtenau, Krs. Kehl, gest. 28.11.1968 in Karlsruhe] - Valeska Schoch, geb. Woulckow [gest. 13.10.1970 in Heidelberg, Großmutter von Gisela Schoch] - Luise Elfriede Wille [gest. 13.03.1995 in Bad Rappenau]	0.3 Schutzfrist bis 31.12.2031.
Dokumente Erbangelegenheiten: - Reinhard Wolfgang Ludwig Schoch [geb. 18.08.1906, gest. 13.09.2001, Vater von Gisela Schoch]	0.4 Schutzfrist bis 31.12.2031.

1. Persönliche Unterlagen Gisela Schoch

Arch Schoch 1.0-1.12

Publikation	Signatur
Verben französisch (**Sprachlernheft**, handschriftlich, Format 10,5 x15 cm, schwarz, undatiert). **Französische Übungsarbeiten** (Sprachlernheft, handschriftlich, Format 15x21 cm, blau, undatiert). Französisch Tageheft 8a **Französische Übungsarbeiten** (Sprachlernheft, handschriftlich, Format 15x21 cm, blau, undatiert). 20 Tagehefte (**Sprachlernhefte**, handschriftlich, Format 15x21 cm, schwarz) Jahrgänge 1950/51 bis 1955/56; Ricarda-Huch-Schule. **Klassenarbeiten Französisch** (1953/54).	1.0.1-1.0.24
Schriftwechsel University of London; German Young Men's Christian Association Lancaster Hall (London). Flyer University of London. Flyer Davies's School of English for Foreign Students. **Merkblätter** der Auslandsstelle des Deutschen Bundesstudentenringes e.V. zu Sprachkursen in England. Stadtpläne und Tourismusflyer. **Brief** adressiert an Gisela Schoch in London von M. (?) Brooman von der Insel Skye. Alles aus dem Jahr 1960.	1.1
Briefe der National Lending Library for Science and Technology, April/Mai 1966-1969.	1.2
N. N.: **Südschwarzwald und Hochrhein**. [Scrapbuch über den Studienaufenthalt „Wir entdecken Deutschland. Südschwarzwald und Hochrhein" junger Franzosen und junger Deutscher 03.07.-14.07.1967, veranstaltet durch das Deutsch-Französische Jugendwerk in der Landwirtschaftsschule in Waldshut; mit Fotos in s/w, teils französisch]. Leiter des Studienaufenthaltes: Rudolf Siebold. Gruppenberater der Gruppe I: Günter Rimkus; Gruppenberater der Gruppe II: Jean Pierre Courteau; Gruppenberaterin der Gruppe III: [Fräulein] Dr.	1.3

Gisela Schoch; Gruppenberaterin der Gruppe IV: [Fräulein] Hannelore Peters; mit Adressen und Widmungen der deutschen und französischen Teilnehmer.	
Briefe adressiert an G. Schoch: 21 Karten und ca. 33 Briefe, unsortiert; größtenteils auf Schwedisch, ca. 1980er Jahre.	1.4
Peter Hammer Verlag - Schreiben des Verlags an Schoch vom 20.12.2000 bzgl. möglicher Gesellschafts-anteile. - Protokoll der Gesellschafterversammlung des Peter Hammer Verlages vom 25.11.2000. - Verlagsprogramm Frühjahr 2001	1.5
Treplin, Simone: **Das Studentenleben in Kiel über den Wandel der Zeit**, Blickwinkel 2000. [mit Auskünften und Zitaten von Gisela Schoch]	1.6
Bund ehemaliger Schülerinnen und Schüler des Gymnasium Corvinianum in Northeim – ehemalige Richenza-Schule und Corvinianum: **Mitgliederverzeichnis, Stand: Januar 2002**. Broschüre, 32 Seiten. **Unsere Umschau**. Mitteilungen des Bundes ehemaliger Schülerinnen und Schüler des Gymnasiums Corvinianum in Northeim. Ehemalige Richenza-Schule und Corvinianum. Einladung zum Treffen am 01. Und 02. Juni 2002. [84seitige Broschüre] Northeim 2002. **Die Richenza-Schule. Zur Erinnerung an den Tag der Reifeprüfung**, 25. Juni 2006. Inhalt: - Schreiben vom Bund ehemaliger Schülerinnen und Schüler des Gymnasium Corvinianum in Northeim; Ehemalige Richenza-Schule und Corvinianum, Januar 2006 anlässlich der Abitur-Jubiläen. - Erinnerungsfeier - Anmeldung zur Erinnerungsfeier - Kopie Artikel „Leben ohne Lehrpläne" vom 28.06.2006, Quelle: N.N.	1.7

- Aquarell Motiv Schulgebäude - Fahrkarte DB Juni/Juli 2006 Rechnung 2.841 vom Hotel Deutsche Eiche für Übernachtung	
Kordes, Gisela: **Lebenslauf von Frau Prof. Gisela Schoch**, einseitiges Papier, Mai-Juli 2021. **G. Schoch** einseitiges Blatt mit Lebensdaten (undatiert, unsigniert). Kordes, Gisela: **Frau Professorin Dr. Gisela Schoch erzählte am 15.07.2021 – „Hindernislaufen als Frau und Professorin"**. Doppelseitiges Protokoll. Kordes, Gisela: **Frau Prof. Dr. Gisela Schoch – Ihr Lebenslauf anhand von Dokumenten.** 2021 notiert von Gisela Kordes, Dipl.-Bibl., ehem. Studentin von Fr. Schoch. 4-Seiten in Tabellenform.	1.8.1- 1.8.4
Berufliche Qualifikationen - Abendlehrgang für Maschinenschreiben Oktober 1954. - Sonderlehrgang Gaststättengewerbe Sommer 1956. - Vorprüfung für Lehramt an Höheren Schulen der Universität Kiel 1959. - Studienbuch und Seminarscheine Uni Kiel - Korrespondenz Goethe-Institut 1962. - 01.01.1963-31.12.1965 Verwalterin der Dienstgeschäfte eines wissenschaftlichen Assistenten an der Uni Kiel. - Urkunde Doktortitel 28.05.1966. - Lehrauftrag SoSe 1966 für Französische Sprachkurse an der Uni Kiel. - Urkunde vom 27.09.1966 Ernennung zur Bibliotheksreferentin(Beamtenverhältnis). - Unterlagen bzgl. der Ausbildung an der Bibliotheksschule in Hamburg 1968. - Urkunde für den wissenschaftlichen Bibliotheksdienst September 1968. - Lehrkraft ab 01.10.1968-31.07.1969 der Stadt Kiel und daneben an der Uni Kiel. - Schriftverkehr bzgl.	1.9

Fahrtendolmetscher(lehrgang)/Deutsch-Französisches Jugendwerk 1965-1970.	
Arbeitsverhältnis Fachhochschule Hamburg - Ernennungsurkunden etc. - Bescheinigungen - medizinische Dokumente - Urkunde zum Ruhestand 18.07.1988. - Treffen ehemaliger Professor:innen 2016	1.10.1 und 1.10.2
Berufsnetzwerke - Deutsche Gesellschaft für Dokumentation diverse Unterlagen ca. 1970-1978. - Arbeitsgemeinschaft der Spezialbibliotheken ca. 1971-1973. - Deutscher Akademikerinnenbund ca. 2012-2020. - Verein Deutscher (Bibliothekarinnen und) Bibliothekare ca. 2011-2020. - Deutscher Bibliotheksverband und diverse andere ca. 1973-1978.	1.11
Persönliche Finanzen - Vermögensverhältnisse - Gehalts- und Ruhegeldbescheinigungen	1.12 Schutzfrist bis 31.12.2031.

2. Unterlagen über Alma Schoch (Mutter) und Hermine Emilie Leimbach, geborene Schoch, genannt Emmy/Emmi

Arch Schoch 2.1-2.4

Publikationen	Signatur
Aufsatzheft von Alma Wille, ca. 1913- Karte von Li an Alma Schoch, 30.03.1971.	2.1
Ehrenurkunde 25 Jahre Mitglied bei der Deutschen Angestelltengewerkschaft, April 1977.	2.2
Theresa Georgen und Britta Thege: Emmy Schoch: Emanzipation & Mode um 1900. Geschichte einer Unternehmerin. Studienarbeit. 10 Bögen. Eine Edition des Instituts für Interdisziplinäre Genderforschung und Diversity der Fachhochschule Kiel in Kooperation mit dem Fachbereich Typografie und Buchgestaltung der Muthesius Kunsthochschule Kiel, Kiel 2021.	2.3
Kopie eines Artikels zu Hermine Emilie (genannt Emmy) Schoch aus dem Buch „Göttinnen des Jugendstils", Karlsruhe 2021. [enthält auch einen Fotoabdruck von Emmy Schoch]	2.4

3. Unterlagen und Material im Kontext ihrer Professur/ Lehre an der CAU Kiel und der FH Hamburg

Arch Schoch 3.1.-3.13

Publikationen	Signatur
Kopie Auszug aus dem **Personal- und Vorlesungsverzeichnis CAU Kiel** WiSe 1969/1970.	3.1
Fachhochschule Hamburg: **Dokumentation über Forschungsprojekte und wissenschaftliche Veröffentlichungen von Dozenten der Fh in den Jahren 1965 bis 1974.** Undatiert.	3.2
Briefwechsel bzgl. der **IFLA-Konferenzen** in Liverpool 1971, Budapest 1972 und Oslo 1975. Plan der IFLA 1977 in Brüssel.	3.3
Entwicklung Curricularer Lehrpläne: - Sacherschließung Stoffplan WiSe 1977/78-1978/79. - Projektseminar Sacherschließung SoSe 1980, Protokoll der Sitzung vom 12.05.1980. - Sacherschließung Literaturhinweise, SoSe 1981 (Hans H. Sträter) - Sacherschließung Übersicht, SoSe 1981 (Hans H. Sträter) - Ergebnisprotokoll der 5. Koordinierungsbesprechung „Inhaltserschließung" vom 06.01.1982. - Beschlüsse des Fachbereichsrat Fachbereich B der FH der Sitzung vom 02.06.1983. - Verkündung des Beschluss zur Praktikumsregelung vom 02.06.1983. - Einladung zur 7./8. Sitzung des Fachbereichsrates am 07.06.1983. - Brief Beitrag Schochs zur Entwicklung Curr. Lehrpläne an ihre Kolleg:innen vom 21.01.1985. - Current Contents, Auflistung, 2seitiges Schreiben, undatiert.	3.4
Artikel zum **Abschied von Käthy Römer** am 30.09.1980. [Römer war in der Geschäftsstelle der Hamburger Büchereischule und seit 1970 im FB	3.5

Bibliothekswesen als FB-Assistentin tätig.] Mit Foto, ca. 1980.	
Fachhochschule Hamburg, info 3 Fachbereich Bibliothekswesen: **Studienführer**, Stand: 01.03.1986.	3.6
Ideen-Buch, handschriftliche Aufzeichnungen bzgl. Lehre an der FH, 18x22 cm, Notizbuch, Spiralbindung, ca. 1986f.	3.7
Fh Fachhochschule Hamburg, Fachbereich Bibliothekswesen: **Personal- und Vorlesungsverzeichnis Sommersemester 1988**, [1988].	3.8
Empfehlung für Ruth Weinert an die UN, Mai/Juni 1989.	3.9
Schriftverkehr Amerika-Gedenkbibliothek bzgl. Katalognutzung (1970); LV-Ankündigung Schoch SoSe 1981; Stundenplan/Lehrplangestaltung ca. 1985-1987.	3.10
Karten- bzw. Würfelspiel für Orientierungseinheiten, 1977.	3.11
Karteikasten I als Beispiel für eine Bibliographiesammlung.	3.12
Karteikasten II als Beispiel für eine Stichwörtersammlung.	3.13

4. Veröffentlichte Artikel von bzw. über Gisela Schoch

Arch Schoch 4.1-4.4

Publikation/Titel	Signatur
Zwei Rezensionen zu: Schoch, Gisela: Die Informationsmittel einer Universitätsbibliothek. Ihre Nutzung durch die studentischen Leser. Dargestellt am Beispiel der Staats- und Universitätsbibliothek Hamburg, Bibliothekspraxis Bd 2, 1971, 163 Seiten.	4.1
Zusammengestellt von Harald Ringshausen unter Mitarbeit von Gisela Schoch: **Das Hamburger Modell der bibliothekarischen Ausbildung. Materialien.** In: DFW, 23. Jahrgang (1974/75), Heft 2, S. 29-41.	4.2
Schoch, Gisela: **Fachbibliographie am Fachbereich Bibliothekswesen der Fachhochschule Hamburg. Lernziele, Lerninhalte, Unterrichtsverfahren. Erfahrungsbericht und Entwurf eines curricularen Lehrplans.** In: DFW, 25. Jahrgang (1977), Heft 6, S. 233-244.	4.3
N.N.: **At the Most Ambitious World gathering in Library History: Even Greater Expectations.** In: american libraries, Dec 1977, S. 612. [Foto mit Gisela Schoch]	4.4

5. Publikationen von Gisela Schoch herausgegeben oder verfasst

Arch Schoch 5.1-5.20

Publikationen	Signatur
Schoch, Gisela: **Seminararbeiten Französisch.** [ca. 1956/1960; Anmerkung: Teils auf Briefpapier Rechtsanwalt Dr. Schoch, Heidelberg]	5.1
Schoch, Gisela: **Der Standort des Erzählers in Hawthornes Kurzgeschichten.** Seminararbeit für das Hauptseminar von Herrn Prof. Buchloh „Übungen zur amerikanischen Short Story im 19. Jahrhundert (Melville, Hawthorne, Poe)“, Kiel SS. 1961, Kiel den 15.05.1961.	5.2
Schoch, Gisela: **Die Perspektiven des Erzählers in den Romanen Balzacs.** Schriftliche Hausarbeit für das Staatsexamen in Französisch. Referent: Prof. H. Weinrich, Kiel, 14.05.1962.	5.3
Schoch, Gisela: **Die Herausbildung der Erzähltechnik bei Balzac unter besonderer Berücksichtigung der Erzählperspektive**, Insugural-Dissertation zur Erlangung des Doktorgrades der Hohen Philosophischen Fakultät der Christian-Albrechts-Universität zu Kiel, Kiel 1966. Schreibmaschinen-Original.	5.4.1- 5.4.3
Schoch, Gisela: **Die Herausbildung der Erzähltechnik bei Balzac unter besonderer Berücksichtigung der Erzählperspektive**, Insugural-Dissertation zur Erlangung des Doktorgrades der Hohen Philosophischen Fakultät der Christian-Albrechts-Universität zu Kiel, Kiel 1966.	5.5
Schoch, Gisela: **Benutzerschulung – eine Notwendigkeit zum Abbau von Informationsbarrieren**, ca. 1971/1972 [Beitrag ist eine Zusammenfassung ihrer 1968 geschriebenen Assesorarbeit].	5.6
Schoch, Gisela: **Die Informationsmittel einer Universitätsbibliothek. Ihre Nutzung durch die**	5.7

studentischen Leser. Dargestellt am Beispiel der **Staats- und Universitätsbibliothek Hamburg**, Berlin 1971.	
Bock, Gunter, Heidtmann, Frank, Neubauer, Karl Wilhlem, Schoch, Gisela: **Zur Benutzerforschung in Bibliotheken. Die Situation in der Bundesrepublik Deutschland. Ein Reader.** Berlin 1972. [2 Exemplare]	5.8
Czudnochowski, Inga, Gottsleben, Klaus, Schoch, Gisela: **Materialien zum Grundkurs Allgemeine Bibliographie, Teil II**, Fachhochschule Hamburg, Fachbereich Bibliothekswesen, Hamburg 1976.	5.9
Schoch, Gisela (Auswahl und Zusammenstellung): **Materialien zur Fachbibliographie, Teil 3 Kunstwissenschaft Musikwissenschaft Filmwissenschaft Deutsche Geschichte**, undatiert.	5.10
Schoch, Gisela (Hg.): **Materialien zur Fachbibliographie. Teil 2,11, Fachübersichten, Allgemeine Linguistik, Historische Sprachwissenschaft, Gesamte und allgemeine Literaturwissenschaft, Klassische Philologie, Germanistik**, Hamburg [ca. 1977? frühestens].	5.11
Schoch, Gisela (Hg.): **Materialien zur Fachbibliographie. Teil 2,12, Fachübersichten, Anglistik, Romanistik, Slawistik**, Hamburg [ca. 1977? frühestens]	5.12
Präsident der Fachhochschule Hamburg: **Orientierungseinheiten an der Fachhochschule Hamburg**, Fachhochschule Hamburg, Berichte Nr. 6, Dezember 1979. Ein Bericht über Konzeption und Durchführung von fünf Orientierungseinheiten im Sommersemester 1979, Bernd Berking, Inga Czudnochowski, Verena Fesel, Ilse Goldschmidt, Laszlo Huber, Olaf Naatz, Gisela Schoch, Rolf Schulmeister, Hans Weckerle, Peter Wehr.	5.13
Schoch, Gisela (Hg.): **MA-FA-BI, Materialien zur Fachbibliographie Bibliothekswissenschaft. Begleitmaterial zur Einführung in die Benutzung von bibliothekswissenschaftlichen Bibliographien und**	5.14

anderen bibliothekarischen Nachschlagewerken, zusammengestellt von Hilko Gerdes, Claudia Kocyba, Angelika Piewek im Rahmen eines Projektseminars unter Leitung von Dr. Gisela Schoch, Fachhochschule Hamburg, Fachbereich Bibliothekswesen, Hamburg 1984.	
Schoch, Gisela (Hg.): **MA-FA-BI. Materialien zur Fachbibliographie. Arbeitsbuch Deutsche Geschichte, Teil 1**, bearbeitet von Angelika Piewek, Fachhochschule Hamburg, Fachbereich Bibliothekswesen (1986).	5.15
Schoch, Gisela (Hg.): **MA-FA-BI. Materialien zur Fachbibliographie. Arbeitsbuch Deutsche Geschichte, Teil II**, bearbeitet von Hilko Gerdes, Fachhochschule Hamburg, Fachbereich Bibliothekswesen (1986).	5.16
Schoch, Gisela (Hg.): **MA-FA-BI. Materialien zur Fachbibliographie. Arbeitsbuch Pädagogik**, bearbeitet von Anke Glimann, Fachhochschule Hamburg, Fachbereich Bibliothekswesen (1986).	5.17
Schoch, Gisela (Hg.): **MA-FA-BI. Materialien zur Fachbibliographie. Arbeitsbuch Bibliothekswissenschaft**, bearbeitet von Ruth Weinert, Fachhochschule Hamburg, Fachbereich Bibliothekswesen (1986).	5.18
N.N.: **MA-FA-BI. Materialien zur Fachbibliographie**, Fachhochschule Hamburg, Fachbereich Bibliothekswesen, Hamburg [ca. 1986]	5.19
Schoch, Gisela (Hg.): **MA-FA-BI. Materialien zur Fachbibliographie 2. Arbeitsbuch Klassische Philologie. Lateinische Sprache und Literatur** [Abschlußarbeit zur Diplomprüfung von Norbert Schrank], Fachhochschule Hamburg, Fachbereich Bibliothekswesen, Hamburg 1986.	5.20

6. Von Gisela Schoch betreute Diplomarbeiten

Arch Schoch 6.1-6.6

Publikation	Signatur
Konvolut Schriftwechsel, Anträge, Beurteilungen, Gutachten bzgl. von Abschlußarbeiten, 1972-1986. Empfehlung Michael Vennemann, 1987.	6.1
von Notz, Melanie: **Kenntnisse studentischer Benutzer über ihre Universitätsbibliothek: Entstehungszusammenhänge und Auswirkungen auf die Benutzung. Befragung an der Universität Bielefeld.** Hausarbeit zur Diplomprüfung für den Dienst an Öffentlichen Büchereien an der Fachhochschule Hamburg – Fachbereich Bibliothekswesen, Hamburg, Dezember 1973.	6.2
Krömmelbein, Ursula: **Natürliche Sprache und Strukturprinzipien von Dokumentationssprachen. Eine vergleichende Analyse.** Hausarbeit zur Diplomprüfung für den Dienst an Öffentlichen/Wissenschaftlichen Bibliotheken an der Fachhochschule Hamburg-Fachbereich Bibliothekswesen, Hamburg, Mai 1981.	6.3
Urban, Gabriele: **Die Benennungen für Arten von Informationsmitteln. Eine Wortfelduntersuchung im Bereich der bibliothekarischen Fachsprache.** Hausarbeit zur Diplomprüfung an der Fachhochschule Hamburg - Fachbereich Bibliothekswesen, Hamburg, Oktober 1985	6.4
Weinert, Ruth Maria: **Die systematische Informationssuche mit konventionellen und nicht-konventionellen Informationsmitteln, dargestellt am Beispiel einer thematischen Recherche im Fach Bibliothekswissenschaft. Eine Einführung. Arbeitsbuch.** Hausarbeit zur Diplomprüfung an der Fachhochschule Hamburg Fachbereich Bibliothekswesen, Hamburg, Mai 1986.	6.5
Weinert, Ruth Maria: **Die systematische Informationssuche mit konventionellen und nicht-**	6.6

konventionellen Informationsmitteln, dargestellt am Beispiel einer thematischen Recherche im Fach Bibliothekswissenschaft. Eine Einführung. Arbeitsbericht. Hausarbeit zur Diplomprüfung an der Fachhochschule Hamburg Fachbereich Bibliothekswesen, Hamburg Mai 1986.	

7. Sonstige Publikationen

Arch Schoch 7.1-7.23

Publikation/Titel	Signatur
Rust, Werner: **Lateinisch-griechische Fachwörter des Buch- und Schriftwesens**, Leipzig 1950.	7.1
Staats- und Universitäts-Bibliothek Hamburg, Zentralkatalog: **Führer durch die Hamburger Bibliotheken**, Hamburg 1957.	7.2
Weitzel, Rolf: **Die deutschen nationalen Bibliographien. Eine Anleitung zu ihrer Benutzung**. Frankfurt/Main 1963.	7.3
Minsitere de L`education Nationale: **Ecole Nationale Superieure de Bibliothecaires**, Paris 1966.	7.4
Neubauer, Karl Wilhelm Neubauer: **Die Bibliothek und ihre Benutzer. Ein Bericht über Arbeiten zur Benutzerforschung**, Mitteilungsblatt Verband der Bibliotheken des Landes Nordrhein-Westfalen 1970.	7.5
The Library Association: **Students Handbook 1967-68**, London ca. 1997.	7.6
U.K. Medlars, Information Retrieval Service: **A Handbook for Users**, Second Edition 1968.	7.7
Gelfand, M. A.: **University Libraries for Developing Countries, Unesco Libraries for Manuals**, Paris 1968.	7.8
Ministere de L`education nationale: **Les Bibliotheques de France au Service du public**, Paris 1969.	7.9
Greiner, Götz: **Dokumentation. Notizen zur Vorlesung**, Hamburg 1971.	7.10
Kiss, Jenö: **Libraries in Hungary**. Budapest 1972.	7.11
Deutsche Bibliothekskonferenz. Selbstdarstellung der bibliothekarischen Verbände in der Bundesrepublik Deutschland, Berlin 1973.	7.12
Hamburger Arbeitskreis für Dokumentation: Verzeichnis der Mitglieder und Interessenten, Stand Dezember 1976. 3. Nachtrag Stand 20.11.1982.	7.13

4. Nachtrag Stand 31.12.1984. 5. Nachtrag Stand 20.11.1985. Mitgliederverzeichnis Stand 01.08.1985.	
Vodosek, Peter: **Stoffpläne zu den bibliothekswissenschaftlichen Fächern des Pflichtstudiums**. Deutscher Bibliotheksverband, Arbeitsstelle für das Bibliothekswesen, Berlin 1977.	7.14
Prospekt Stadtbibliothek Göteborg - eine kurze Übersicht	7.15
Info-Plan Deutscher Dokumentartag Frankfurt `78.	7.16
Librarianship and Information Science. An exhibition of books and perodicals arranged by the British Council. [ca. 1984]	7.17
Döhmer, Klaus: **Merkwürdige Leute. Bibliothek & Bibliothekar in der Schönen Literatur**, Würzburg 1984.	7.18
Schloesser, Karlaugust, Stahnke, Karl-Heinz: **Regionale Vereinigungen im Informationswesen. Archiv, Bibliothek, Information, Dokumentation**, Berlin 1986.	7.19
76. Deutscher Bibliothekartag in Oldenburg (Oldbg) 20.-24. Mai 1986. Rahmenprogramm, Exkursionen [Flyer]	7.20
Ludwig, Dieter und Marbach, Johannes im Auftrag des Landesverbandes Hamburg des VDB und des Hamburger Beirats des VdDB: **Bibliothekare in Wien. Eindrücke von einer Studienreise 19.9.-26.9.1987**, Hamburg 1987.	7.21
Kühn, Hermann und Marbach, Johannes im Auftrag des VDB e. V. Landesverband Hamburg und des VdDB e. v. Beirat für Hamburg: **Bibliothekare in der Schweiz. Eindrücke einer Studienfahrt. Informationsversorgung in der Schweiz Bibliotheken und Dokumentationszentren 12.9.-19.9.1992**, Hamburg 1993.	7.22
Fachbereich Bibliothek und Information der Fachhochschule Hamburg (Hrsg.): **50 Jahre**	7.23

bibliothekarische Ausbildung in Hamburg. 25 Jahre Fachbereich Bibliothek und Information. Münster 1995.	

Zum hundertjährigen Jubiläum
der Universität Hamburg

DAGMAR FILTER UND JANA REICH (HG.)

FRAUEN VERÄNDERN WISSENSCHAFT

RESPEKT!

AN DER UNIVERSITÄT HAMBURG

Band 9:

RESPEKT!

Frauen verändern Wissenschaft an der
Universität Hamburg.
Zum hundertjährigen Jubiläum der
Universität Hamburg.

Herausgegeben von Dagmar Filter und Jana Reich.

2. Auflage Februar 2020.

ISBN: 978-3744810876
528 Seiten
68,00 €.

Band 8:

Findbuch II: Koordinationsstelle Frauen-
studien/ Frauenforschung Hamburg. His-
torisches Archiv 1984-2009.
2018, ISBN: 978-3-752896-63-3,
236 Seiten, 20,00 €.

Band 7:

Findbuch I: Bevölkerungspolitiken an
weiblichen Körpern. Gentechnologie und
Reproduktionsmedizin.
2018, ISBN: 978-3746093-86-4,
244 Seiten, 19,00 €.

Band 6:

love & passion. Gender und Musik(pra-
xis.
2017, ISBN: 978-3746012-99-5,
336 Seiten, 24,90 €.

Band 5:

Arabischer Frühling?
Alte und neue Geschlechterpolitiken in
einer Region im Umbruch.
2013/15, ISBN-13: 978-3862261-93-2,
340 Seiten, 24,80 €.